懐かしい
国鉄駅舎と
鉄道風景

（多摩地域）

【中央線、青梅線、五日市線、八高線、南武線、横浜線、武蔵野線】

牧野和人

.....Contents

式典等に出席される際、天皇陛下がご乗車される特別列車（お召列車）。山梨県大月市からの帰路でルクセンブルク大公国ジャン大公夫妻と同乗された。青空の下、専用機関車EF5861号機が牽引する新1号編成が颯爽と多摩川を渡って行った。
◎中央線　日野～立川　1999（平成11）年4月8日　撮影：荒川好夫（RGG）

1940（昭和15）年当時の時刻表

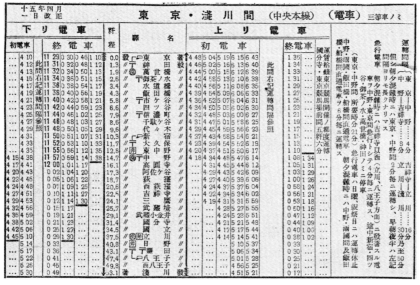

中央線

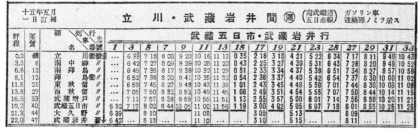

青梅電気鉄道

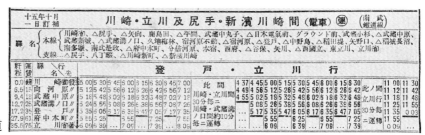

南武鉄道五日市線

南武鉄道

横浜線

4

第1章
中央線

101系で運転していた特別快速「あきがわ」。週末等に新宿と中央線系統の行楽地を結ぶ臨時列車の一つだった。「あきがわ」は運転当初、「が」を濁らずに「あきかわ」の名称で運転していた。「あきかわ」は昭和50年代後半からの登場で101系と「あきがわ」の組み合わせは短期間であった。
◎中央線　国分寺〜西国分寺　1981（昭和56）年10月4日　撮影：森嶋孝司（RGG）

中央線東部の看板列車は特急「あずさ」。1966（昭和41）年12月12日より運転を始めた。当初は新宿〜松本間に２往復の設定だった。昭和40年代の主力車両は、東海道の在来線特急でならした「こだま形」の流れを汲む181系である。
◎中央本線　西荻窪〜吉祥寺　1974（昭和49）年３月18日　撮影：園田正雄

大型機の入線が難しく、貨物輸送を小型の旧型輸入電気機関車等に頼っていた地方路線。電化はされているものの、旧態依然とした車両の近代化を図るべく製造された、小型電気機関車の第一陣がED60だった。１〜３号機は甲府機関区（現・新鶴見機関区甲府派出）に新製配置された。◎中央線　吉祥寺　1961（昭和36）年10月　撮影：竹中泰彦

貨物側線で入替作業中のED15。大正末期に製造された国産初の民間会社製本線用電気機関車だった。新製後は東海道線に投入されたが、昭和初期に八王子機関区（現・八王子総合鉄道部）へ転属。第二次世界大戦後まで在籍した一部の車両が昭和30年代まで、中央線の運用に就いた。◎中央線　吉祥寺　1958（昭和33）年３月　撮影：竹中泰彦（上・下とも）

1899（明治32）年の開業から75年が経った1974（昭和49）年元旦の吉祥寺駅付近の空撮写真である。既に北口側に吉祥寺ステーションビル「吉祥寺ロンロン」、南口側に駅ビル「ターミナルエコー」が誕生し、近鉄百貨店、伊勢丹百貨店、スパーマーケットの西友も店を構えている。伊勢丹の左（西）側には緑屋のビルが見えるが、この緑屋吉祥寺店は1955（昭和30）年に開店して1980（昭和55）年に閉店。現在は吉祥寺ロフトに変わっている。◎1974（昭和49）年1月1日　撮影：朝日新聞社

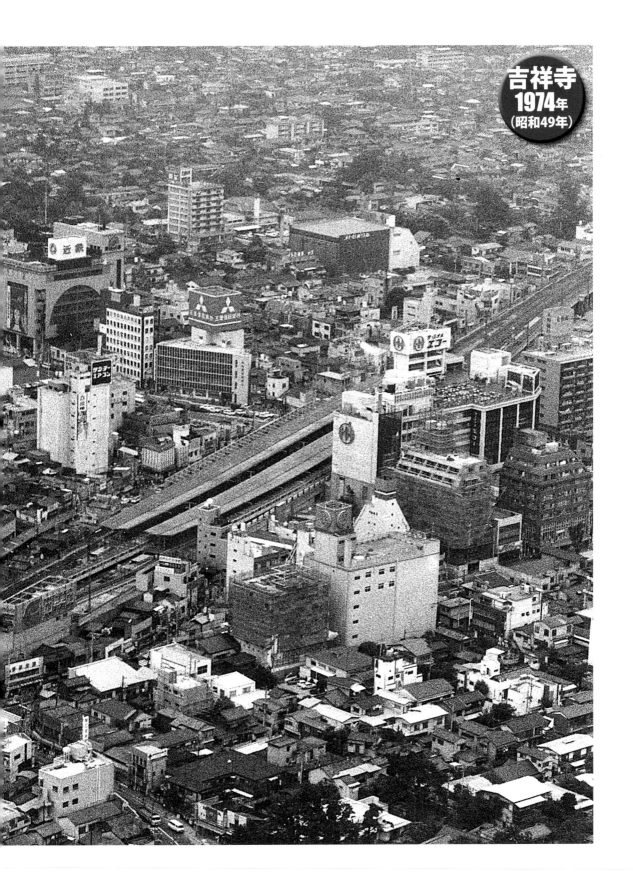

木造の駅名票が遠い日へ誘う三鷹駅で、中線の上下列車が顔を揃えた。終点に到着したばかりの下り列車は第二次世界大戦後に製造された72系。東京行きの先頭は戦前派のクハ38である。違う世代の車両ながら、いずれも当時の客車と同じブドウ色2号の塗装だ。◎中央線　三鷹　1954 (昭和29) 年10月　撮影：竹中泰彦

旅客列車の主力が客車であった時代、戦時設計の電気機関車EF13が中央線で旅客運用に就いていた。暖房用の蒸気発生装置を搭載していない同機は、冬になると暖房車を連結していた。写真は夏場の撮影で次位には青帯を巻いた二等車を連結している。◎中央線　三鷹　1961 (昭和36) 年8月　撮影：竹中泰彦

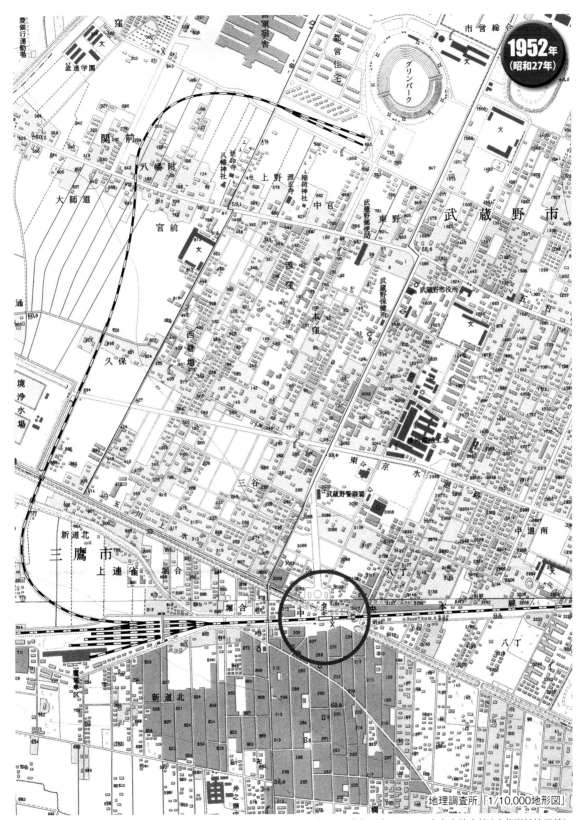

地理調査所「1/10,000地形図」

三鷹駅から北へ延びる鉄道路線は1951（昭和26）年に開業し、1959（昭和34）年に廃止された中央本線支線（武蔵野競技場線）。地図に見える武蔵野グリーンパーク球場の最寄り駅、武蔵野競技場前駅へ観客を運ぶ目的で開通したが、実質1年間しか列車は運行されなかった。球場の跡地は武蔵野緑町団地（現・武蔵野緑町パークタウン）に変わった。三鷹駅の西側には三鷹電車区があるが、線路を挟んだ北側には、武蔵野競技場線の線路跡が堀合遊歩道になって残っている。

車両の近代化に伴い、路線色として設定されたカナリアイエローの塗装に身を包み、中央・総武緩行線で活躍した101系。近代型通勤電車の先駆けとして、昭和30年代から国鉄民営化以降に至るまで、長きに亘って中央線の通勤輸送を支えた。
◎中央線　三鷹〜吉祥寺　1974（昭和49）年　撮影：河野 豊（RGG）

中央・総武緩行線の始発・終着駅となっている三鷹駅は、この空撮写真でも島式ホーム3面6線を有する駅として堂々とした姿を見せている。この駅は南の三鷹市、北の武蔵野市の境界上に置かれており、真下を玉川上水が流れている。この当時、橋上化から既に5年が経過していたが、平成時代に入って南口側で駅前再開発の工事が開始され、現在は駅舎、周辺のビルがペデストリアンデッキで結ばれるなど大きく様変わりしている。一方、北口側はそれほど変わっていない。
◎1974（昭和49）年5月1日　撮影：朝日新聞社

東京海上

三鷹は中央・総武緩行線、地下鉄東西線から乗り入れる電車が終点、始発とする駅の一つだ。側線では異なる会社の車両が並んで、しばし足を休める。また国鉄時代の中央線には特急、急行用の電車が行き交い、ホームから豊富な種類の電車を眺めることができた。◎中央線　三鷹　1973（昭和48）年２月　撮影：荒川好夫（RGG）

国鉄時代、地下鉄東西線へ乗り入れる国鉄車両の301系は黄色い帯を巻いていた。夕刻の通勤仕業に備えて三鷹電車区の留置線に休む電車群の傍らを、オレンジバーミリオン塗装の武蔵小金井行き101系が駆け抜けて行った。
◎中央線　三鷹～武蔵境　1975（昭和50）年　撮影：荒川好夫（RGG）

省エネルギー、省メンテナンスを命題に掲げた次世代の通勤型電車として登場した201系。1979（昭和54）年に試作車が落成し、1981（昭和56）年に中央線で快速列車として定期運用を開始した。試作車の営業運転初日に三鷹駅で出発式が執り行われた。
◎中央線　三鷹　1979（昭和54）年8月20日　撮影：荒川好夫（RGG）

JR中央線と西武多摩川線が連絡している武蔵境駅の空撮写真。この頃は地上駅であり、単式・島式合計3面のホームが使用されていたが、現在は中央線が相対式2面2線、多摩川線が島式1面2線の高架ホームになっている。写真が撮影された1967（昭和42）年は駅周辺が開発される前であり、田畑が残り大きな建物は見えない。現在、南口側にはイトーヨーカドー武蔵境店、みずほ銀行、三菱UFJ銀行の支店などが建っているが、緑豊かな曹洞宗の寺院、観音院は残っている。
◎1967（昭和42）年9月28日　撮影：朝日新聞社

武蔵境
1967年
（昭和42年）

武蔵境駅は西武鉄道多摩川線の起点でもある。当駅では国鉄との間で貨物の受け渡しが行われる。入替え作業を行う8620が
両端部に誘導員を何人も乗せ、構内を右へ左へとゆっくり動いていた。旅客ホームには多摩川線の電車が停車中。
◎中央線　武蔵境　1961(昭和36)年12月5日　撮影：小川峯生

スカ色の72系は、高尾以西から甲府・松本方面への長距離運用に就いている。電化区間ながら細身の架線施設が並ぶ構内はすっ
きりとした印象だ。電車の車体下部とほぼ面一になるように嵩上げされたホームは、近代化の足跡を物語っていた。
◎中央線　武蔵境　1962(昭和37)年12月7日　撮影：小川峯生

中央線で東京最西端部となる高尾までの
運用に就く72系。新性能車に比べて反
応が遅い自動空気ブレーキを備えていた
同車両にとって、比較的駅間が長い都区
内以西へ足を延ばす列車は加速、減速を
頻繁に強いられず、はまり役だった。
◎中央線　武蔵小金井
1962（昭和37）年2月11日
撮影：小川峯生

整然と木立が並ぶ切通区間を行く東京行き
の72系。全金属製の920番台車が編成の先
頭に立つ。埋め込み式の前照灯に凹みを付
けた正面窓を備える、旧型電車としては個性
的な表情だった。その仕様は後継となる101
系に引き継がれた。
◎中央線　国分寺〜国立
1964（昭和39）年1月20日
撮影：小川峯生

21世紀に入って高架駅に変わった武蔵小金井駅。これは2つの跨線橋があった地上駅時代の姿である。ホームの構造は現在と同じ島式2面4線である。駅の左手（北）には太陽神戸（現・三井住友）銀行、第一勧業（現・みずほ）銀行の支店とともに、長崎屋小金井店が存在していた。この駅前の店は1971（昭和46）年にオープンし、2013（平成25）年に閉店した。この時期、南口側は雑然とした雰囲気だったが、現在は駅前広場が整備され、イトーヨーカドー武蔵小金井店も開業している。
◎1974（昭和49）年1月1日　撮影：朝日新聞社

武蔵小金井
1974年
（昭和49年）

貨物車が多数停車している中央線、国分寺駅の空撮で、その後に北口（下）側、南口（上）側とも再開発されて、現在は見違える
ような風景に変わっている。この頃、南口側の駅前には第一勧業（現・みずほ）銀行の支店、リッカーミシンのビルなどが建っ
ているものの、小さな商店や民家が建ち並んでいた。左奥（南東）に見えるのは殿ケ谷戸公園である。手前に見える北口の駅舎
は木造で、駅前の広場も小さかった。右下（北西）には西武多摩湖・国分寺線のホームが見える。
◎1974（昭和49）年　撮影：朝日新聞社

国分寺
1974年
（昭和49年）

美しいロータリーと三角屋根の木造駅舎が特徴的な国立駅の空撮写真である。この風景は基本的には変わっていないが、21世紀に入って、中央線では三鷹〜立川間の高架工事が行われ、国立駅も高架駅に変わった。その際、1926（大正15）年に開業した旧駅舎は解体、保存されて、2020（令和2）年に展示室、まち案内所として再建されている。現在も南口（下）側には、三井住友銀行、りそな銀行、多摩信用金庫といった金融機関が支店を構えている。◎1984（昭和59）年2月17日　撮影：朝日新聞社

現在のような巨大駅、島式ホーム４面８線と橋上駅舎をもつ地上駅に変わる前の中央線、立川駅付近の空撮写真である。奥（上）は東京方面で、右側に南武線が分かれている。手前（下）では右側の中央線、左側の青梅線に分岐している。左の北口側には高島屋立川店、中武デパート（現・フロム中武）、第一勧業（現・みずほ）銀行などのビルが見える。この当時（1974年）はまだ、駅の南北に走る多摩モノレールは開通していなかった。◎1974（昭和49）年１月１日　撮影：朝日新聞社

立川
1974年
（昭和49年）

中央線で運用していた101系を新規開業する武蔵野線へ充てるために、快速列車用として新製された103系が投入された。冷房装置を搭載した車両は、混雑する通勤輸送のサービス向上に貢献。後に他路線からの転入車も加わった。
◎中央線　国分寺〜西国分寺　1981（昭和56）年10月4日　撮影：森嶋孝司（RGG）

E257系の特急「かいじ」。新宿と甲府を結ぶ特急で、民営化から間もない1988（昭和63）年に「あずさ」から分離され、独立した列車となった。E257系は2001（平成13）年より「あずさ」「かいじ」に投入され、183系等を置き換えた。制御車には前面非貫通、貫通型がある。◎中央線　国分寺　2005（平成17）年6月25日　撮影：荒川好夫（RGG）

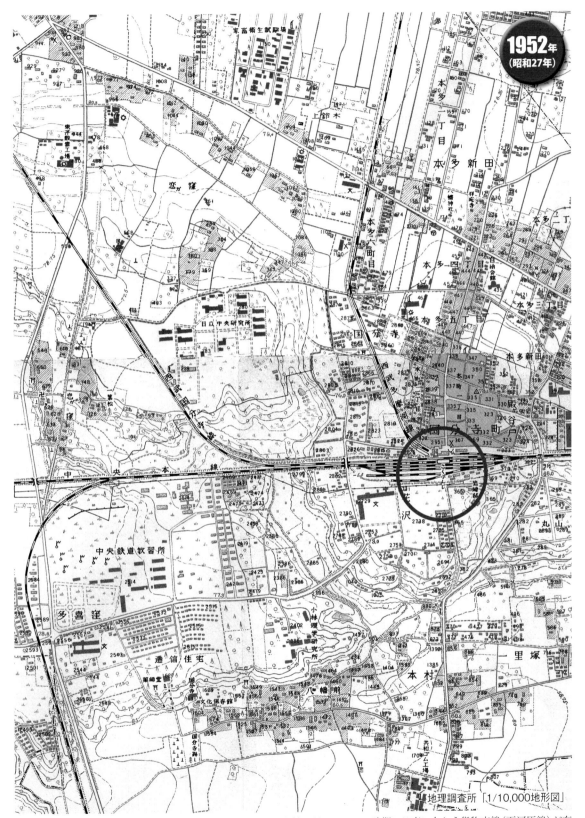

地理調査所「1/10,000地形図」

東西に走る中央線とともに、北に向かう西武多摩湖線、国分寺線が見える。この時期には南に向かう貨物支線（下河原線）が存在した。また、西側には中央鉄道教習所（後の中央鉄道学園）の用地が広がっていた。この教育施設は1987（昭和62）年に閉鎖され、現在は団地や東京都立武蔵国分寺公園などになっている。一方、国鉄線路の北側、2本の西武線の線路に挟まれる形で、日立製作所（日立中央研究所）の広大な用地が存在した。

民営化後、松本運転所（現・松本車両センター）所属の特急「あずさ」用電車は二度の塗色変更を受けた。平成の中頃には、全車がライトグレーとライトブルーを基調にした車体塗装になった。「あずさ色」と呼ばれる塗装は、JR車両の長野地域色と良くいている。◎中央線　日野～立川　1999（平成11）年4月8日　撮影：荒川好夫（RGG）

中央線が渡る東京都下の西部を流れる多摩川。立川方の岸辺に立川市と日野市の境界がある。両市はいずれも東京のベッドタウンとして発展し、今日では河川敷近くまで住宅が建ち並ぶ。轟音と共に高尾へ向かう101系の快速列車がやって来た。◎中央線　立川～日野　1983（昭和58）年4月27日　撮影：高木英二（RGG）

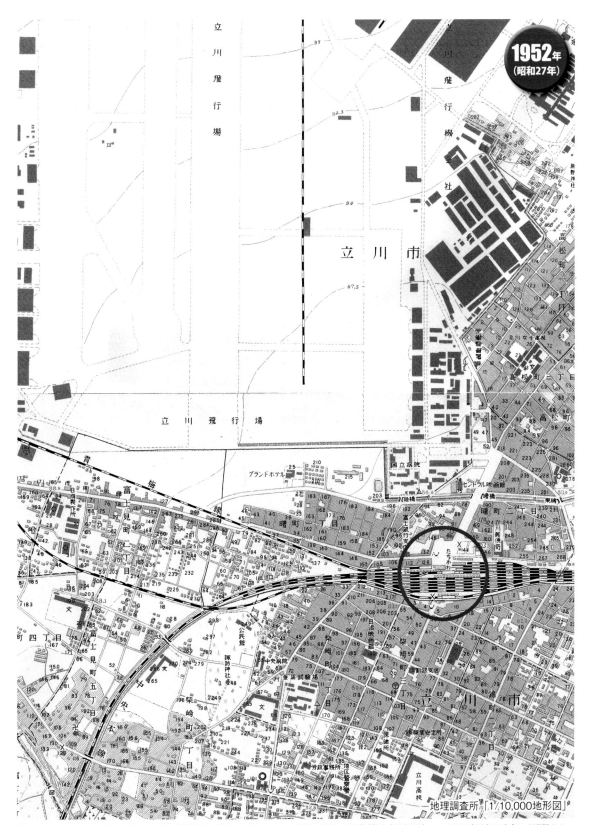

地理調査所「1/10,000地形図」

北に広大な立川飛行場を控えた立川駅付近の地図である。この頃は米軍の航空基地（飛行場）で、1977（昭和52）年に返還され、一部は陸上自衛隊立川駐屯地になっている。南西側は国営昭和記念公園に変わり、市民の憩いの場となっている。また、飛行場の右（東）側には、立川飛行機会社（現・立飛企業）が存在しており、現在は多摩モノレールに立飛駅が置かれている。駅の南側には戦前、府立第二中学校だった都立立川高校が置かれている。

国鉄時代には新宿から小海線等、非電
化路線へ乗り入れる急行列車が設定さ
れていたので、中央線内では架線下を
走るキハ58、28を見ることができた。
定期の気動車急行は1975（昭和50）年
に中央線から撤退したが、その後も臨
時列車等で運転される機会があった。
◎中央線　日野〜豊田
1964（昭和39）年1月
撮影：牛島 完（RGG）

101系や103系等、新系列の通勤型電車が台頭するなかで淘汰されていった72系電車。しかし、昭和40年代までは比較的頻繁にその姿を見ることができた。都内と甲府方面を結ぶ中距離列車は、横須賀線の電車等で親しまれた通称スカ色の塗装だった。
◎中央線　日野〜豊田
1963（昭和38）年頃
撮影：牛島 完（RGG）

上（北西）側に多摩平団地が広がっている、豊田駅付近の空撮写真である。駅前からは、都道235号豊田停車場線が緩やかにカーブしながら団地方面に向かって延びている。日本住宅公団（現・都市再生機構）の多摩平団地は1958（昭和33）年に竣工し、250棟、2792戸が建てられていた。その後、建物の老朽化により1997（平成9）年から建て替えが開始され、現在は「多摩平の森」に生まれ変わっている。この頃、豊田駅には既に橋上駅舎が誕生していた。◎1974（昭和49）年　撮影：朝日新聞社

雑木林に囲まれていた豊田駅界隈を走る3両編成の101系。複線の間に側線が敷かれて三線形状になっている。甲武鉄道の駅として開業した明治期には、よりうっそうとした木立の中に佇んでいたのであろうか。旅客営業と共に貨物扱いを行っていたが、構内は極めて小規模であったと伝えられる。◎中央線　豊田〜日野　1963（昭和38）年頃　撮影：牛島 完（RGG）

貨物列車が運転されていた八高線と横浜線が乗り入れる八王子駅の構内では、架線下ではあるものの蒸気機関車を見る機会は多かった。横浜線では1969（昭和44）年。八高線では1970（昭和45）年まで蒸気機関車の牽引する定期列車があった。◎中央線　八王子　1959（昭和34）年1月　撮影：竹中泰彦

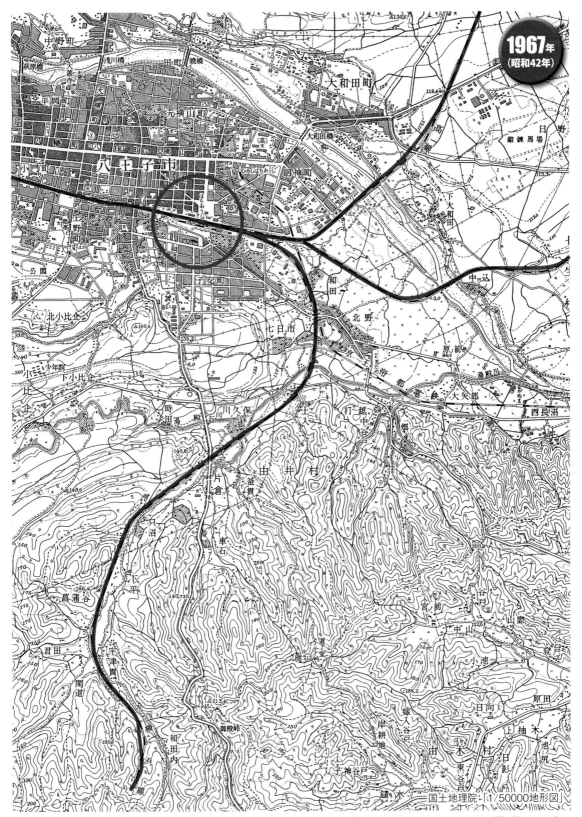

国土地理院「1/50000地形図」

北から八高線、南から横浜線がやってきて、東西を走る中央線とはこの八王子駅で合流することとなる。その間を抜けるように
京王帝都電鉄（現・京王電鉄）京王線も八王子市内に路線を延ばし、東八王子（現・京王八王子）駅に至っている。この八王子市
は江戸時代、甲州街道の宿場町として栄え、横山宿（現・横山町）、八日市宿などが繁栄した。旧宿場町の北側には浅川が流れ、
萩原橋、浅川橋、暁橋、大和田橋などが架けられている。

1889（明治22）年に甲武鉄道の起終点駅として開業して以来、中央線の主要駅として発達してきた八王子駅。人口57万人を誇る八王子市の玄関口であり、神奈川方面に至る横浜線、埼玉方面に至る八高線の列車も発着する巨大な駅となっている。八王子の市街地は駅の北側（右上）に広がっており、国道20号（甲州街道）も通っている。右奥には浅川の流れも見える。この時期はまだ、南北自由通路を有する橋上駅舎は誕生していなかった。◎1974（昭和49）年　撮影：朝日新聞社

行楽期の休日に運転された「ホリデー
快速　ピクニック」。新製時より集中
型冷房装置を搭載した115系300番台
車が充当された。車体塗装は国鉄時代
の中央線色でもあったスカ色。正面の
貫通扉に収まる、長方形の専用ヘッド
マークを掲出していた。
◎中央線　西八王子〜高尾
1987(昭和62)年9月15日
撮影：松本正敏(RGG)

中央線の看板列車は特急「あずさ」。
新宿と松本を結ぶ。国鉄の民営化後も、
国鉄型車両である183、189系が継続
して使用された。車体に白字の「JR」
マークが貼られたものの、運転台下
の「JNR」エンブレムは短期間ながら
も存置された。塗装も国鉄時代のまま
だった。
◎中央線　西八王子〜高尾
1987(昭和62)年9月15日
撮影：松本正敏(RGG)

行先表示幕に「浅川」と掲出した101系が終点駅に佇む。1901（明治34）年に国鉄駅として開業した浅川は、1961（昭和36）年に高尾と改称した。駅の所在地であった旧浅川町は1959（昭和34）年に八王子市へ編入され、翌年に八王子市高尾町等となった。
◎中央線　浅川（現・高尾）　1961（昭和36）年3月11日　撮影：荻原二郎

休日等の行楽客輸送を目的として、高尾〜相模湖間に1駅間のみの臨時列車が運転された。明治期に建設された山間区間で、断面形状が小さいトンネルに対応すべく、集電装置周りの屋根を低くした101系800番台の電動車が編成に組み込まれた。
◎中央線　高尾　1986（昭和61）年6月22日　撮影：森嶋孝司（RGG）

八王子盆地の西端に置かれている２つの高尾駅。上（西）側には高尾山、景信山などの山並みが見えている。国鉄の高尾駅は、長く浅川駅として知られていたが、開業60周年となる1961（昭和36）年に現在の名称に改称した。一方、左（南）側に見える京王の高尾駅は1967（昭和42）年に開業している。現在の駅の構造は、JR駅が島式ホーム２面４線、通過線１線の地上駅、京王駅が島式ホーム１面２線の高架駅となっている。

旧型国電、客車で運転していた中央線の列車を置き換えるべく登場した115系300番台車。制御車は電動車化された。また、高尾以西の断面積が小さいトンネルに対応して、集電装置周りの屋根を低くしたモハ114は800番台車を名乗った。
◎中央線　相模湖～高尾　1988（昭和63）年2月11日　撮影：高木英二（RGG）

都心よりも少し遅れて満開となった高尾の桜を背景にして、E351系の特急「スーパーあずさ」がやって来た。1993（平成5）年に登場したJR世代の特急車だった。当車両よりJR東日本所属の新製電車は、「East」の頭文字を取った英字「E」を形式名へ冠するようになった。◎中央線　相模湖～高尾　1994（平成6）年4月16日　撮影：松本正敏（RGG）

1992（平成４）年に成田線で発生した踏切事故を教訓として、1972（昭和47）年以前に製造された115系制御車の前面を、ステンレス製の枠等で補強する工事が近郊型電車等に施工された。当初、ステンレス部分は無塗装だったが、後に車体と同色に塗装された。◎中央線　相模湖～高尾　1994（平成６）年４月16日　撮影：松本正敏（RGG）

貨客輸送に活躍したEF64。1966（昭和41）年から増備された０番台車が、EF13、15やED61に替わって、安曇野へ続く山岳路線の主となった。正面に貫通扉を備え、側面に大型のエアフィルターが並ぶ姿は力強い。貨物運用では重連運転となることもあった。◎中央線　高尾～相模湖　2002（平成14）年３月22日　撮影：荒川好夫（RGG）

音楽やアニメーション、ゲーム等、昭和40年代より大衆文化の発信地として知られる吉祥寺。地域は多くの大学が集まる学生街でもある。中央線の吉祥寺駅は井の頭公園の北側に当たる吉祥寺南町にあり、京王電鉄井の頭線の駅も隣接している。
◎中央線　吉祥寺　1981（昭和56）年6月1日　撮影：荒川好夫（RGG）

所在地が三鷹市と武蔵野市に跨る三鷹駅。駅舎は1969（昭和44）年に橋上化された。市内には井の頭恩賜公園や野川公園があり、自然と街が共存する公園都市という性格を備える、三鷹市の鉄道玄関口である。緩行線用の電車等が在籍する三鷹電車区が（現・三鷹車両センター）隣接する。◎中央線　三鷹　1986（昭和61）年9月19日　撮影：松本正敏（RGG）

中央線と西武鉄道多摩川線が出会う武蔵境。多摩川線は当駅が起点だ。明治期に開業した折には境駅を名乗っていた。同名の駅が他に2か所あり、1919（大正8）年7月1日に現名称に改めた。同日に他の「境駅」も境港、羽後境と改称した。
◎中央線　武蔵境　1987（昭和62）年3月1日　撮影：松本正敏（RGG）

東京オリンピックの開催を目前に控えた1964（昭和39）年9月10日に開業した東小金井駅。建設費等を地域住民等が負った請願駅だった。両隣の駅とはいずれも1.7km離れている昭和50年代までは、鉄道による自動車輸送の拠点であった。
◎中央線　東小金井　1987（昭和62）年3月1日　撮影：松本正敏（RGG）

三角屋根の建物が印象的だった地上駅舎時代の武蔵小金井駅。小金井、新小金井と称する駅が他にあったため、旧国名を冠した名称となった。地元では「ムサコ」の略称で親しまれている。構内に武蔵小金井電車区（現・豊田車両センター武蔵小金井派出所）がある。◎中央線　武蔵小金井　1987（昭和62）年3月1日　撮影：松本正敏（RGG）

瓦葺の深い屋根が重厚感を醸し出す国分寺の旧駅舎。中央線の他、西武鉄道国分寺線と多摩湖線が乗り入れる。また、当駅を起点として、東京競馬場までの5.6km区間を結ぶ中央線の支線が、1973（昭和48）年まで旅客営業を行っていた。
◎中央線　国分寺　1981（昭和56）年10月4日　撮影：森嶋孝司（RGG）

緩やかな傾斜の屋根が被さる西国分寺駅舎。武蔵野線の開業時に、中央線と乗り換えの便を図るべく開業した。中央線用のホームは２面２線の構造だが、建設当初より将来の複々線化を見据え、改修により２面４線で使えるように設計された。
◎中央線　西国分寺　1986（昭和61）年６月28日　撮影：松本正敏（RGG）

端整なかたちの三角屋根を持つ駅舎が街の象徴であった国立駅。旧駅舎は2006（平成18）年に役割を終えて一旦解体された。しかし、市が推進した復元計画に基づき2020（令和２）年に再築。観光案内所や展示場を備えた施設として再利用されている。
◎中央線　国立　1986（昭和61）年12月１日　撮影：森嶋孝司（RGG）

立川駅は1889（明治22）年４月、甲武鉄道の新宿〜立川間の開通時に誕生した古参駅であり、同年８月には八王子駅まで延伸して中間駅になった。開業当初はこの北口だけが開設され、反対側の南口ができるのは1930（昭和５）年のことである。北口側はかつての立川飛行場への玄関口であり、現在では市役所方面に向かう人もこちら側を利用している。
◎中央線　立川　1965（昭和40）年　撮影：荻原二郎

南武鉄道（現・南武線）の開業に合わせて開設された南口は、メインである北口に比べると、駅舎も小ぶりで駅前も狭かった。この写真でも小さな駅舎とビヤホールの看板を掲げた建物の間に見えるバスの姿から、昭和時代の南口付近の雰囲気を知ることができる。現在は「立川駅ステーションルネッサンス」の改築を経て、平成・令和の新風景が誕生している。
◎中央線　立川　1971（昭和46）年　撮影：荻原二郎

1890（明治23）年に開業した日野駅は、人口19万人を数える日野市の玄関口。民芸調で入母屋造りのこの駅舎は、1937（昭和12）年の移転時に竣工したもので、80年以上がたった現在もほぼそのままである。ホームは築堤上にあり、島式1面2線の高架駅となっている。駅前を走る道路は、都道256号八王子国立線である。◎中央線　日野　1974（昭和49）年

1901（明治34）年に開業した当時は、この南口の改札だけだった豊田駅。駅の構造は島式ホーム2面4線の地上駅で、橋上駅舎を有している。崖地に立地するため、橋上駅舎からは自由通路の階段を上って北口へ、自由通路の階段を下って南口に出る。1965（昭和40）年のこの写真では、駅舎南口方面への階段を下りる男性の姿が見える。
◎中央線　豊田　1965（昭和40）年　撮影：荻原二郎

八王子駅南口の駅前風景である。八王子駅は1945（昭和20）年の八王子空襲で焼失し、しばらくは仮駅舎が使用されていたが、1952（昭和27）年に現在地に新しい駅舎が竣工している。この後、1983（昭和58）年には、南北自由通路を有する5代目駅舎、駅ビル「八王子ナウ」が北口側に誕生する。◎中央線　八王子　1967（昭和42）年　撮影：山田虎雄

駅ビルの建設前で、橋上駅舎化されてはいるものの、地方駅ののどかな風情を残していた頃の八王子駅前。京王電鉄の京王八王子駅とは徒歩で5分ほどの距離にあり、定期券での連絡輸送等、利便性の高いサービスが設定されている。
◎中央線　八王子　1981（昭和56）年6月1日　撮影：荒川好夫（RGG）

戦前の1939（昭和14）年に開業した西八王子駅は、6年後の1945（昭和20）年、太平洋戦争の八王子空襲により焼失している。
戦後に再建されたこの木造駅舎は、親しみのある日本家屋風の外観を有していた。駅前にはバス停があり、多くの人がバス待
ちをしている。現在は橋上駅舎に変わっており、相対式ホーム2面2線の地上駅となっている。
◎中央線　西八王子　1967（昭和42）年　撮影：荻原二郎

「祝高尾駅改称」と書かれたゲートが駅を利用する人を出迎えていた高尾駅の駅前。現在の駅の所在地は八王子市高尾町だが、
開業当初は南多摩郡浅川村で、浅川町になった後、1959（昭和34）年に八王子市に編入されたため、2年後に「浅川」から「高尾」
に改称された。社寺風の駅舎は、大正天皇の大喪時に新宿御苑で使用された仮設駅舎を移築したものである。
◎中央線　高尾　1961（昭和36）年　撮影：荻原二郎

下河原線の愛称があった中央線の支線。国分寺から延びる5.6kmの場所に旅客線の終点、東京競馬場前があった。駅名の通り、東京競馬場の最寄り駅の一つだった。ホームからは競馬場の大屋根を望むことができた。
◎東京競馬場前　1971（昭和46）年7月20日　撮影：荻原二郎

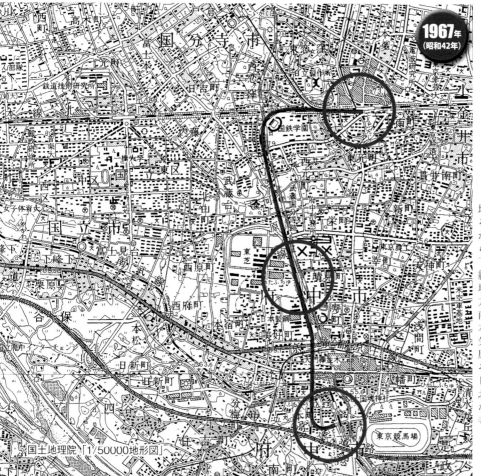

地図の上（北）側を東西に走る中央本線には、国分寺駅が置かれている。この駅から左（西）に向かい、やがて下（南）方向に転じる下河原線には北府中駅、東京競馬場前駅が存在している。一方、地図の左下（南西）には南武線が通っており、府中本町駅、分倍河原駅、谷保駅、矢川駅が見える。この下河原線は後に廃線となるが、その後に武蔵野線の一部として使用され、府中本町駅、北府中駅が武蔵野線の駅になっており、新たに西国分寺駅が開業している。

第2章
青梅線、五日市線 八高線

川井駅の御嶽寄り400m先に東川井信号場があった。川井駅は狭小な地形の急曲線上にあり、交換設備を建設することが難しかったために、代替措置として設置された列車交換施設だった。穏やかな日溜まりの中で、EF15牽引の貨物列車が対向列車を待っていた。◎青梅線　東川井(信)　1983(昭和58)年11月27日　撮影：森嶋孝司(RGG)

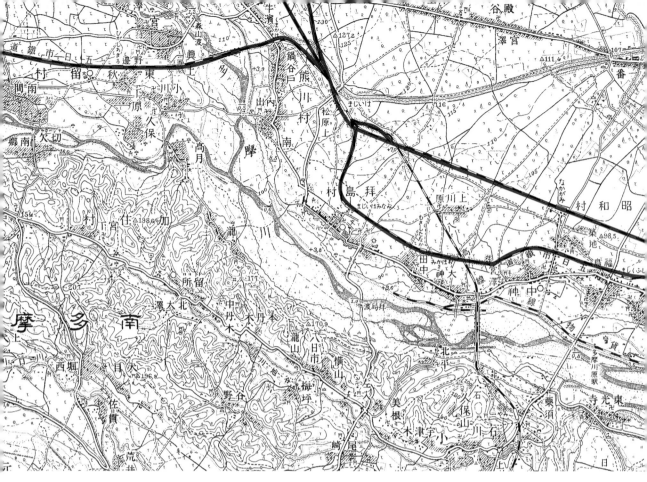

駅の周辺には既にビルが建ち並んでいるものの、未だ雑然とした雰囲気を湛えていた立川駅の構内に停車するクモニ13。各地で小荷物輸送が行われていた時代、首都圏の主要路線には専用列車が設定されていた。多くの路線に品川電車区（現・東京総合車両センター）所属の旧型荷物電車が充当された。◎青梅線　立川　撮影：河野 豊（RGG）

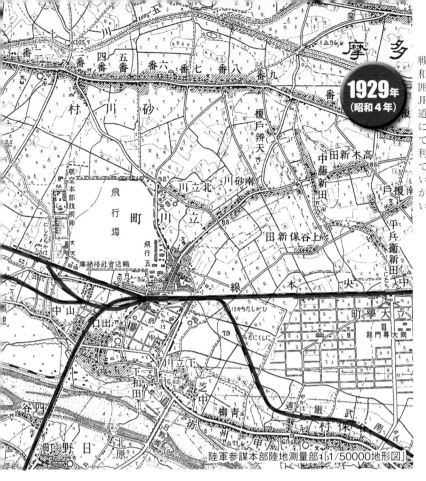

戦前の立川町を中心として、砂川村、昭和村、拝島村などを含む東西に広い範囲をカバーした地図である。国鉄（現・JR）の各線とともに南武鉄道、五日市鉄道などの路線が存在し、立川駅周辺（特に西側）の鉄道路線はかなり複雑になっている。多摩川沿いに走る貨物線は砂利を運ぶ路線で、多摩川原駅が置かれており、1946（昭和21）年まで存在していた。立川駅の北側には（立川）飛行場があり、陸軍の飛行第五戦隊が置かれていた。

陸軍参謀本部陸地測量部「1/50000地形図」

駅構内で入れ替え作業に着く8620形。ホームでは手旗を携えた職員が、作業を見守っていた。大正期に旅客用機関車の標準型として製造された蒸気機関車で672両が量産された。昭和40年代の初めまでは、全国の至る所で見られる蒸気機関車の一つだった。◎青梅線　拝島　1959（昭和34）年1月　撮影：竹中泰彦

青梅線では1978（昭和53）年まで、大量輸送対応の先駆けとなった4扉を備える72系やクモハ40等が使用された。旧型国電の原色塗装であるブドウ2号一色塗りのいで立ちは、奥多摩の深い緑と良く馴染んだ。72系は終点の奥多摩まで定期列車として入線していた。◎青梅線　西立川〜東中神　1974（昭和49）年11月　撮影：河野 豊（RGG）

拝島駅は東京都昭島市松原町と福生市美堀町の境界付近に置かれている。青梅線、五日市線、八高線、西武拝島線が連絡しており、広い構内となっている。2010（平成22）年に現在の橋上駅舎に変わっているが、この頃は地上駅であった。この空撮写真では、中央上に米軍横田基地が広がっている。現在は中央左（西）に見える拝島駅の西側から北に向かって東京環状（国道16号）が延びており、玉川上水沿いには日光橋公園、みずくらいど公園が整備されている。
◎1977（昭和52）年　撮影：朝日新聞社

青梅鉄道に端を発する青梅線は民鉄時代の大正期に電化され、東京近郊の電車路線として親しまれてきた。第二次世界大戦後は、急造された4扉の20m級車両等に幹線を追われた戦前派の電車で運転されていた。青帯を巻いた2・3等合造車や、二重屋根の古豪が編成を飾る。◎青梅線　羽村　1956(昭和31)年1月5日　撮影：伊藤威信

福生村、羽村村、青梅町付近を走る青梅電気鉄道(現・JR青梅線)沿線の地図である。1894(明治27)年に開業した青梅鉄道は、この青梅電気鉄道を経て、1944(昭和19)年に国有化されて青梅線になっている。この時期、並行して走る奥多摩街道(現・都道29号)沿いに集落が続いていたが、線路の右(東)側は農地、桑畑だった。また、地図の右端を通る八高線では、箱根ケ崎駅の周辺に集落があるだけで、その後に住宅地が開発されることになる。

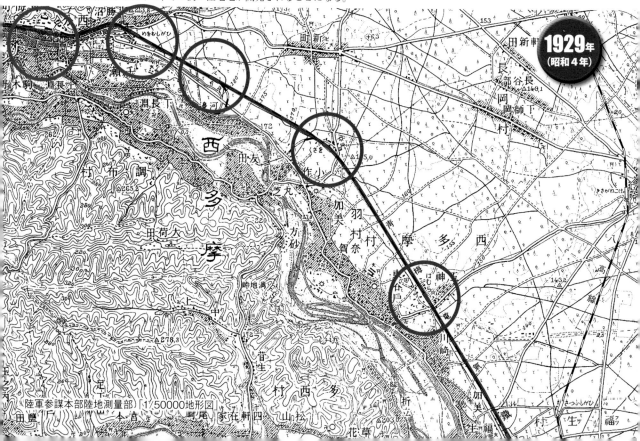

陸軍参謀本部陸地測量部「1/50000地形図」

青梅線の旅客運用は、立川〜奥多摩間の全線を通して運転する列車と、立川〜青梅間の区間列車に大別される。青梅駅構内に隣接していた青梅電車区は電車の留置、滞泊施設を備え、40系や72系が休む姿を見ることができた。これらの電車は当時、豊田電車区（現・豊田車両センター）の所属だった。◎青梅線　青梅　1965（昭和40）年頃　撮影：山田虎雄

咲き誇る梅の花を揺らし、高運転台車の103系が未だ春浅い奥多摩路を行く。昭和50年代に入り、旧型国電を置き換えるべく103系が青梅線に入線し始めた。車体の塗装は立川で合流する中央線の快速列車と同じオレンジバーミリオン。
◎青梅線　二俣尾〜石神前　1993（平成5）年3月13日　撮影：森嶋孝司（RGG）

青梅市街地の西端部にある宮ノ平駅で上り普通電車と交換するEF15牽引の貨物列車。奥多摩から積み出される石灰の輸送が盛んだった青梅線には、第二次世界大戦後に貨物用電気機関車の標準形として登場したEF15が、昭和50年代の半ばから進出した。◎青梅線　宮ノ平　1983(昭和58)年4月14日　撮影：森嶋孝司(RGG)

軍畑駅付近には鋼製のトレッスル橋梁が架かる。その上をデッキ付きの電気機関車ED16が貨物列車を牽引して渡る様子は、山間部にありながら鋼鉄が創り出す勇壮な眺めだった。奥多摩付近では平成初期まで石灰石の採掘が盛んで、貨物列車が1日に何往復も運転されていた。◎青梅線　沢井〜軍畑　1968（昭和43）年5月5日　撮影：小川峯生

昭和50年代に入って青梅線に転属した103系。豊かな自然の中では、広い前面窓と大きな前照灯が組み合わされた顔立ちが愛らしく映った。梅雨時の日曜日だが、たくさんの行楽客を乗せて、力強く終点の奥多摩を目指していった。
◎青梅線　御嶽〜川井　1979（昭和54）年6月17日　撮影：森嶋孝司（RGG）

軍畑駅の近くには多摩川の支流である平溝川がつくり出した深い谷間がある。谷にはトレッスル橋の奥沢橋梁が架かる。橋上
を行く列車の車窓からは、「東京アドベンチャーライン」と呼ばれる青梅以遠の区間らしい、雄大な山間風景が広がる。
◎青梅線　軍畑〜二俣尾　1979(昭和54)年6月17日　撮影：森嶋孝司(RGG)

中央線から青梅線に職場を移した103系。先代の72系と同じく、通勤型電車としては短い4両編成で運用に就いた。青梅から先は行く手に急峻な山が立ちはだかっているために急曲線区間が多く、快速列車で馴らした電車は、車輪を軋ませながらソロソロと走って行った。◎青梅線　古里〜川井　1983（昭和58）年2月27日　撮影：高木英二（RGG）

昭和50年代には16往復もの設定があった青梅線のセメント輸送貨物列車だが、1998（平成10）年8月13日を以って全廃された。末期の牽引機はEF64。ED16が通った路と同じ急曲線区間を、端整な姿の1000番台車が進む様子は窮屈そうに見え、貨物列車の衰退を連想させた。◎青梅線　川井〜古里　1990（平成2）年6月24日　撮影：森嶋孝司（RGG）

青梅街道と吉野街道が出会う旧街道時代における交通の要所古里。鉄道駅は多摩川の谷間で家屋が集まる、やや開けた平坦部にある。ホームは電車に合わせて嵩上げされた、鉄路の変遷を窺わせる仕様。上下線を跨ぐ跨線橋は、道路橋を想わせる簡易なものが架かっている。◎青梅線　古里駅　撮影：山田虎雄

昭和30年代の青梅線は17m国電が中心だった。クモハ11形400番台（木造電車を鋼体化した旧モハ50形）を先頭にした立川行4両編成。駅は開通以来の山小屋風駅舎だが、現在は無人化されている。付近の多摩川は急流で巨岩奇岩があり、鳩ノ巣渓谷と呼ばれる。1960（昭和35）年に開設された国民宿舎鳩ノ巣荘は2015（平成27）年に建て替えられた。
◎青梅線　鳩ノ巣　1959（昭和34）年　撮影：小川峯生

古里駅で顔を揃えた103系と201系。201系は「ホリデー快速おくたま」の運用を終え、回送列車となっていた。ヘッドマーク
は掲出したままだ。201系は中央線に登場して以来、「青梅特快」等の直通列車で青梅線へ乗り入れるようになった。
◎青梅線　古里　1983（昭和58）年11月27日　撮影：森嶋孝司（RGG）

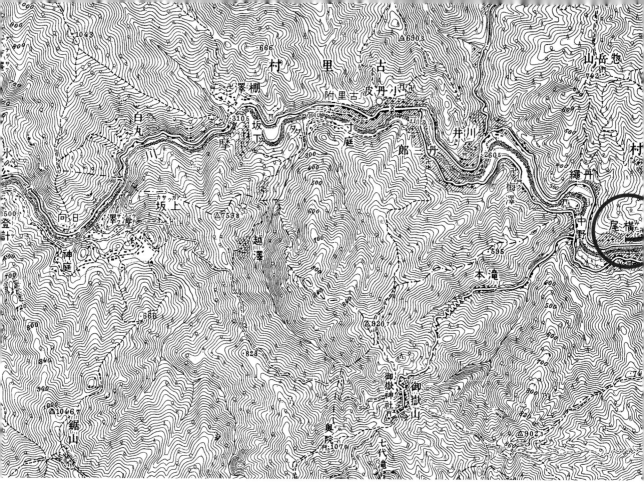

豊田電車区（現・豊田車両センター）に訓練車として在籍していた4両編成の201系を展望車に改造した「四季彩」。青梅線、五日市線で定期列車として運用された後、中央線等で行楽期の臨時列車に使用された。4両共異なる、四季をイメージした車体塗装が施された。◎青梅線　古里〜川井　2001（平成13）年11月23日　撮影：荒川好夫（RGG）

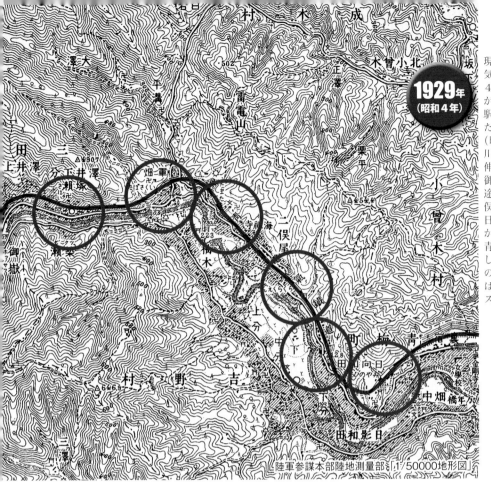

1929年
(昭和4年)

陸軍参謀本部陸地測量部 1/50000地形図

現在の青梅線は、青梅電気軌道時代の1929(昭和4)年に二俣尾～御嶽間が開業し、御嶽駅が終着駅の時代がしばらく続いた後、国有化された1944(昭和19)年に御嶽～氷川(現・奥多摩)間が延伸している。この時期は御嶽駅が終着駅であり、途中駅の沢井、軍畑、二俣尾、楽々園(石神前)、日向和田、宮ノ平駅が置かれている。楽々園駅は、青梅(電気)鉄道が経営していた遊園地「楽々園」の最寄り駅で、楽々園にはホテルや動物園、テニスコートなどがあった。

多摩川へ注ぐ二本の支流がつくり出した狭小地に造られた鳩ノ巣駅。構内の両側にはトンネルが迫っている。駅の下方に集落があり、小路が毛細血管のように広がっている。また、駅の西方に多摩川を堰き止めて建設した白丸ダムがある。下りホームに氷川(現・奥多摩)と行先表示を掲出した72系が入って来た。◎青梅線 鳩ノ巣駅 撮影：山田虎雄

長らく青梅線の貨物輸送で活躍したED16。中央線、上越線等で使用された戦前製の国産Ｄ型機関車が立川機関区に集められ
て青梅線、五日市線等の貨物運用に充当された。最盛期には製造された18両全機が立川区の配置だった。
◎青梅線　古里〜川井　1983（昭和58）年２月27日　撮影：荒川好夫（RGG）

スカイブルー塗装の103系が山間の小駅に停車した。昭和50年代に転属が始まった際には、もと中央線用の車両で占められていた青梅線用の103系だったが、増備時には他路線から転属する車両もあった。それらの中には、前路線色（京浜東北・根岸線）のままで運転される車両が混在していた。
◎青梅線　白丸
1997（平成9）年7月5日
撮影：荒川好夫（RGG）

終点の奥多摩に佇む旧型電気機関車はED16。後に続く貨車は上部に蓋がある密閉式のセメントホッパ車ホキ34200である。人口密集地で石灰貨物列車から飛散する粉塵を抑制する目的で、既存のホキ4200にアルミニウム合金製の積込口蓋を取り付けた改造車だった。◎青梅線　奥多摩　1983（昭和58）年2月27日　撮影：高木英二（RGG）

石灰石の積み出し拠点となっていた奥多摩駅。構内には側線が幾条も敷かれ、電気機関車や貨車がホームに発着する電車に混じって、昼夜を問わず留置されていた。石灰石を満載した貨物列車が、先頭に立つ電気機関車を待っていた。
◎青梅線　奥多摩
1983（昭和58）年11月27日
撮影：森嶋孝司（RGG）

お盆休みで親戚の家にでも遊びに行くのだろうか。軽快に駆けて来たガソリン動車の正面窓は開け放たれ、そこから身を乗り出す子ども達の笑顔があった。キハ105は1930（昭和5）年に日本車輌東京支店で製造された。半鋼製車体を載せた2軸車である。◎五日市鉄道（現・五日市線）　熊川　1939（昭和14）年8月16日　撮影：荻原二郎

武蔵増戸を発車するクモハ41-クハ55の2両編成。五日市線は1961（昭和36）年の電化時は17m車だったが1960年代後半から20m車になった。周囲は山々が間近に見えるのどかな田園地帯である。駅舎は2011（平成23）年にコンクリート打ちっぱなしの前衛的デザインの駅舎に建て替えられた。◎五日市線　武蔵増戸　1967（昭和42）年　撮影：山田虎雄

昭和20年代末期に液体式変速機を装備し、国鉄型近代車両として登場したキハ10、キハ17等の20m級気動車。量産化されて関東圏の非電化路線へ投入された。非電化時代の五日市線では、旅客列車の運用を担っていた機械式気動車に替わって活躍し始めた。◎五日市線　昭和30年代後半　拝島　撮影：荻原二郎

拝島から多摩川を渡り、秋川渓谷散策の拠点となる武蔵五日市に至る五日市線。昭和30年代の沿線は水田と雑木林が続くのどかな眺めだった。緑の森影から機械式気動車キハ04が現れた。その小振りな姿に対比すると、見慣れた1,067mmの軌間がいつもより若干広く映った。◎五日市線　熊川〜東秋留　1960（昭和35）年7月14日　撮影：小川峯生

3両編成の101系が多摩川を渡って行った。橋梁の東秋留方には、簡潔な造りのプレートガターが続く。初夏の日差しに照らされた河川敷は、野菜が植えられ、木々が花を咲かせるのどかな空気が漂っていた。短編成の電車が良く馴染む情景だ。
◎五日市線　熊川〜東秋留　1976（昭和51）年5月22日　撮影：荒川好夫（RGG）

五日市線の多摩川橋梁は昭和50年代に架け替えられた。川面を跨ぐ上部トラス部分は新調され、プレートガターが連なっていた箇所には高い柵付きの渡り板が設置された。岸辺から電車の全景を眺めることは難しくなったが、車両は橋の架け替え前と変わらぬ101系で運転していた。◎五日市線　東秋留～熊川　1980 (昭和55) 年1月27日　撮影：森嶋孝司 (RGG)

五日市線の沿線は、秋川渓谷や秋留神社等の寺社が点在し、東京都区内から手軽に訪れることができる行楽地の一つになっている。休日には快速「あきがわ」を運転していた。普段は中央線の快速列車で俊足を飛ばす201系が、専用のヘッドマークを掲出して単線区間を行く。
◎五日市線　武蔵引田〜武蔵増戸
1983（昭和58）年11月3日
撮影：木岐由岐（RGG）

平沢地区に広がる丘陵の麓をなぞる終点付近は山間区間の様相を呈する。木々の間から姿を現した103系は、正面窓の下にステンレス製の帯を着けた高運転台仕様だった。踏切事故対策や運転台からの視認性向上を図るべく、1974（昭和49）年から仕様を変更して製造されたグループだ。◎五日市線　武蔵五日市〜武蔵増戸　1991（平成3）年11月10日　撮影：武藤邦明（RGG）

昭和50年代半ばになって、中央線の快速運用を退いた103系が五日市線で運用されるようになった。立川行きの方向幕を掲出したクハ103は前照灯をシールドビーム二灯化した更新車。円形の外枠に一灯時代の面影を残す。
◎五日市線　武蔵増戸〜武蔵引田　1983（昭和58）年11月3日　撮影：荒川好夫（RGG）

たくさんの腕木式信号機が建ち並ぶ武蔵五日市駅の構内手前から貨物支線へ入って行く貨物列車。当路線で蒸気機関車時代の
最期を飾った、C11が重連で牽引する。五日市線は1961 (昭和36) 年4月17日に、貨物支線を含む全区間が電化された。
◎五日市線　武蔵五日市　1954 (昭和29) 年4月　撮影：竹中泰彦

旅客線の終点、武蔵五日市駅の構内へ入る手前にあった踏切へ差し掛かるキハ04。第二次世界大戦前に製造された機械式気動車である。0番台車は天然ガス動車から気動車に改造されたキハ41300形を、1957 (昭和32) 年の形式称号改定に伴い、改番して生まれた形式だ。◎五日市線　武蔵五日市　1954 (昭和29) 年4月　撮影：竹中泰彦

鉄道車両の新旧交代劇はいつの時代も繰り返される。昭和50年代に入ると、山手線や中央本線快速から転属して来た72系が、いよいよ終焉を迎えようとしていた。かつて国鉄の色を象徴していたブドウ色の車体には汚れや錆が浮かび、半ば満身創痍の様子を窺わせていた。◎五日市線　武蔵五日市　1975 (昭和50) 年9月11日　撮影：吉村光夫

かつては武蔵五日市～武蔵岩井間に貨物専用の支線を持ち、貨物輸送が盛んだった五日市線。立川機関区に集結していた
ED16が、当路線の仕業も担当していた。二軸貨車を従えたデッキ付きのD型電気機関車が早春の里山を行く。
◎五日市線　武蔵増戸～大久野　1981（昭和56）年3月8日　撮影：森嶋孝司（RGG）

電化前の大久野駅構内。貨物支線の駅だが、ホームと離れた場所にある駅舎には改札口があり、木製のラッチが設置されていた。蒸気を燻らせて佇むC11 290号機は戦時設計仕様。武骨な蒲鉾形の蒸機溜めと砂箱をボイラー上に載せている。
◎五日市線　大久野
1954(昭和29)年4月
撮影：竹中泰彦

セメント工場へ続く引き込み線に佇むED16。旅客線の終点、武蔵五日市の手前から武蔵岩井へ続く貨物支線が分かれていた。1971(昭和46)年に大久野〜武蔵岩井間が廃止され、大久野が支線の終点になった。以降、存続した拝島〜大久野間の貨物営業も1982(昭和57)年に廃止された。◎五日市線　大久野　1981(昭和56)年3月8日　撮影：森嶋孝司(RGG)

末端区間であった武蔵五日市～武蔵岩井間の行先表示板を掲出して、武蔵五日市駅の構内に佇むクモハ40。貨物営業が行われていた大久野～武蔵岩井間0.6kmが1971（昭和46）年に廃止され、同時に武蔵五日市～武蔵岩井間の旅客営業も廃止された。武蔵五日市～大久野間は貨物支線となって存続した。◎五日市線　武蔵五日市　1971（昭和46）年1月30日　撮影：荻原二郎

八高線無煙化前後の頃の八王子機関区。年を追って増築されたと思しき車庫のやや時代掛かった形状が、施設の長い歴史を物語っていた。既に蒸気機関車の姿はなく、一般型気動車が構内に佇む。写真右手には昭和初期以前に製造されたと思われる車両が控車として留置されていた。
◎八王子機関区
1970（昭和45）年
撮影：竹中泰彦

電化後も貨物列車の牽引は、引き続きディーゼル機関車が担った八高線。電化開業当日、電化開業直通運転のステッカーを貼った103系が停車し、装飾が施されて祝賀ムードに沸くホームの脇を、普段着のDD51がいつものセメント列車を牽引し、何食わぬ顔で通り過ぎて行った。
◎八高線　八王子
1996（平成8）年3月16日
撮影：荒川好夫（RGG）

列車から降りたお客が、ホームの中程
に設けられた構内踏切を渡って、改札
口がある駅舎へ向かう。気動車は駅を
離れ、貨物列車を牽引する重連のDD51
がその様子を見守っていた。東京の近
郊とはいえ、電化前の八高線にはおお
らかな鉄道情景が残されていた。
◎八高線　小宮
1983 (昭和58) 年11月8日
撮影：荒川好夫 (RGG)

八王子市街地を流れる浅川を渡るD51牽引の貨物列車。川風を受け、黒煙をたなびかせていた。石灰石を満載した専用列車等が運転されていた八高線ではD51、C58等の蒸気機関車が活躍する姿を、昭和40年代の半ばまで見ることができた。
◎八高線　北八王子〜小宮　1962（昭和37）年　撮影：小川峯生

昭和30年代に入り、キハ10やキハ17等の近代型気動車が八高線へ大量に投入された。その結果、蒸気機関車が客車を牽引していた旅客列車では無煙化が推進され、赤とクリーム色の国鉄一般型気動車色が、路線を華やかに飾るようになっていった。
◎八高線　小宮　1960（昭和35）年　撮影：荻原二郎

国鉄の民営化後も東京近郊では遅くまでタブレット閉塞区間が残っていた八高線。昭和40年代まで、駅の外れに腕木式信号機が建つ風景は沿線のどこでも見慣れたものだった。電気式気動車を改造した湘南窓の気動車が、排気を燻らせながら構内を出て行った。◎八高線　小宮　1960（昭和35）年　撮影：小川峯生

川幅が広くなった多摩川を渡る区間
の小宮寄りにはゆったりとした曲線が
あり、非電化時代には雄大な眺めが広
がっていた。当時の主力はキハ30、35
等の通勤型気動車。先頭のキハ30形
500番台車は、押し込み式ベンチレー
ター等を装備した寒冷地仕様車だ。
◎八高線　小宮〜拝島
1989（平成元）年10月8日
撮影：荒川好夫（RGG）

国鉄末期に老朽化が進んでいたキハ
35等を置き換えるべく投入されたキハ
38。キハ35と同じロングシート、乗降
口のステップが採用された一方で、客
室扉は両開き式となった。また新製時
より冷房装置を搭載。近隣の電化路
線で冷房化が進む中、未だ非電化路線
であった八高線のサービス向上に一役
買った。
◎八高線　小宮〜拝島
1989（平成元）年10月8日
撮影：荒川好夫（RGG）

八高線、川越線の電化開業に先立ち、試運転列車の両端部に3月16日のダイヤ改正より直通運転が始まる旨を知らせるステッカーが貼られた。新たに登場した電車はウグイス色の103系で、写真の車両はボタン式の半自動扉に改造された3500番台車。当時は青梅線の拝島～立川間に直通する運用もあった。◎八高線　拝島　1996（平成8）年3月10日　撮影：荒川好夫（RGG）

八高線、川越線の電化区間には209系3000番台車も投入された。短編成化され、車体に路線色を表すラインを巻いた仕様は後に投入される205系と同じである。通勤型電車でも運転席の下に配置された前照灯等、205系と見た目は異なる。
◎八高線　小宮〜拝島　1996（平成8）年3月16日　撮影：荒川好夫（RGG）

八高線は八王子～高麗川間が1996（平成8）年に電化された。電化開業の初日、4両編成の身軽な姿になった103系3000番台車が颯爽と走って来た。沿線には雑木林や並木道が点在し、遠い日の武蔵野を彷彿とさせる景色が残っていた。
◎八高線　金子～箱根ケ崎　1996（平成8）年3月16日　撮影：荒川好夫（RGG）

2005（平成17）年に増備された209系3100番台車。東京高速臨海鉄道の70-000形6両をJR東日本が購入し、改造を施して生まれた車両だ。4両編成2本が製造され、不足する中間車2両は新製された。それ故、前面の形状が従来の209系と異なる。
◎八高線　金子〜箱根ケ崎　2005（平成17）年5月19日　撮影：米村博行（RGG）

八高線、川越線に205系3000番台車が、平成10年代の半ばに投入された。本系列は全て山手線で活躍した車両の改造車である。4形式4両で編成される。車内は全てロングシートでトイレは設置されていない。車体にはオレンジ色とウグイス色のラインが入る。◎八高線　箱根ケ崎〜金子　2005（平成17）年5月19日　撮影：米村博行（RGG）

八王子市石川町に置かれている八高線の北八王子駅。1959（昭和34）年に開業した比較的新しい駅で、当初は単式ホーム1面1線の無人駅だった。西口側にあったこの駅舎は1995（平成7）年に東口側に移設され、翌年には橋上駅舎を有し相対式ホーム2面2線の構造をもつ、現在の駅が完成している。◎八高線　北八王子　1971（昭和46）年　撮影：荻原二郎

切妻屋根の木造駅舎が郷愁を誘う箱根ケ崎駅。構内の東側に建っていた。駅前に設置されたポストが古いいで立ちであるのに対し、電話ボックスは壁面が透明な今様の仕様で、時代の移ろいを感じさせる。2004（平成16）年に橋上駅舎と東西自由通路の供与が開始され、旧駅舎は役目を終えた。◎八高線　箱根ケ崎　1983（昭和58）年9月18日　撮影：高木英二（RGG）

駅前売店のある小さな地上駅舎だった頃の青梅線、西立川駅の南口の駅前風景である。現在は島式ホーム１面２線をもつ地上
駅となり、橋上駅舎を有する駅に変わっている。また、都道153号立川昭島線を渡り、北側の国営昭和記念公園に出る公園口が
開設されている。駅の開業は、青梅電気鉄道時代の1930(昭和５)年である。
◎青梅線　西立川　1967(昭和42)年　撮影：山田虎雄

昭和のタクシーが大量に駐車して客待ちをしている中神駅の駅前。この頃は地上駅舎だったが、駅舎の位置は階段を登った少
し高い場所にあったことがわかる。中神駅は、青梅線(青梅鉄道)の開通時には存在せず、1908(明治41)年に地元の要請によ
り開業している。現在の駅の構造は、相対式ホーム２面２線を有する地上駅で、橋上駅舎がある。
◎青梅線　中神　1967(昭和42)年　撮影：山田虎雄

昭和町と拝島村が合併して、昭島市が成立したのは1954（昭和39）年のこと。ベッドタウンとしての街の発展に合わせて、玄関口の昭島駅も姿を変えてきた。この駅のスタートは1938（昭和13）年に開業した青梅電気鉄道の昭和前仮停車場で、1959（昭和34）年に昭島駅に改称している。1971（昭和46）年まで、この小さな木造駅舎が使用されていた。
◎青梅線　昭島　1967（昭和42）年　撮影：山田虎雄

1983（昭和58）年の拝島駅、南口の駅前風景である。拝島駅では1976（昭和51）年にこの南口駅舎が改築され、2階建ての4代目駅舎が竣工している。その後、21世紀に入って、現在の5代目駅舎が誕生。南北自由通路をもつ大規模な橋上駅舎に変わっている。南口の駅前も、ロータリー、バス停のある美しい広場の姿になっている。
◎青梅線　拝島　1983（昭和58）年2月27日　撮影：高木英二（RGG）

日清戦争が勃発した1894（明治27）年に開業した福生駅。この頃は、1949（昭和24）年に建てられた、2階建てのシンプルな地上駅舎が存在していた。現在は東西自由通路をもつ橋上駅舎に変わり、東口側には西友福生店などを結ぶペデストリアンデッキが誕生している。駅の構造は、島式ホーム1面2線を有する地上駅である。
◎青梅線　福生　1967（昭和42）年　撮影：山田虎雄

東京都で最も人口が少ない市（約5万4,000人）、羽村市の玄関口である青梅線の羽村駅。この頃も個性的な屋根をもつ地上駅舎を有していた羽村駅。現在は橋上駅舎に変わり、東口側には時計塔のある美しい駅舎が誕生している。駅の構造は島式ホーム1面2線を有する地上駅で、東口側にはスーパーマーケットの西友羽村店が店舗を構えている。
◎青梅線　羽村　1967（昭和42）年　撮影：山田虎雄

柵に囲まれた植え込みが見える河辺駅の駅前風景。駅の所在地は青梅市河辺町5丁目で、北側には青梅街道、南側には奥多摩街道が走っている。現在は駅周辺が再開発されて、南北に駅前広場、ロータリーが整備されている。北口側では近代的な河辺タウンビルが誕生し、円形のペデストリアンデッキで駅と青梅市中央図書館などが直結する形になっている。
◎青梅線　河辺
1967 (昭和42) 年
撮影：山田虎雄

青梅駅の駅舎は地上三階、地下一階のビル。1924 (大正13) 青梅鉄道 (青梅電気鉄道) 社として竣工した。一面のホームとは地下通路で連絡する。今日では街中に点在する昭和の情景を題材として、活性化を図る青梅市の象徴となっている。
◎青梅線　青梅　1983 (昭和58) 年2月27日　撮影：高木英二 (RGG)

青梅市御岳本町に置かれている御嶽駅は、南側に多摩川が流れ、青梅街道（国道411号）が走っている山間の駅である。この木造駅舎は、1999（平成11）年に「関東の駅100選」に選定されたもので、鉄道ファンにはよく知られている。現在も木造駅舎が残されているが、2000（平成22）年、2019（平成31）年にリニューアルされている。
◎青梅線　御嶽　1967（昭和42）年　撮影：山田虎雄

山小屋風の駅舎が建つ青梅線の終点奥多摩。第二次世界大戦中の1944（昭和19）年に青梅線の御嶽〜当駅間開業に伴い開設された。当初の駅名は氷川であった。所在地の字名に准えて名付けられた。1971（昭和46）年2月1日に現在の駅名へ改称した。
◎青梅線　奥多摩　1979（昭和54）年夏　撮影：森嶋孝司（RGG）

五日市鉄道の開業と同時に開設された西秋留駅は1987（昭和62）年3月末日に秋川駅と改称した。当時の所在地であった秋川市に準じた駅名の変更だった。その後、秋川市は五日市町と合併し、あきる野市が誕生した。因みに隣駅の東秋留は開業以来の名称である。◎五日市線　秋川　1987（昭和62）年3月31日　撮影：森嶋孝司（RGG）

五日市鉄道が大正末期に開業した路線を祖とする五日市線。終点の武蔵五日市駅は五日市の名称で開業したが、僅か2ヶ月足らずの後に現在の駅名へ改称した。昭和50年代までの駅舎は、寄棟屋根が被さる木造の建物だった。
◎五日市線　武蔵五日市　1981（昭和56）年3月8日　撮影：森嶋孝司（RGG）

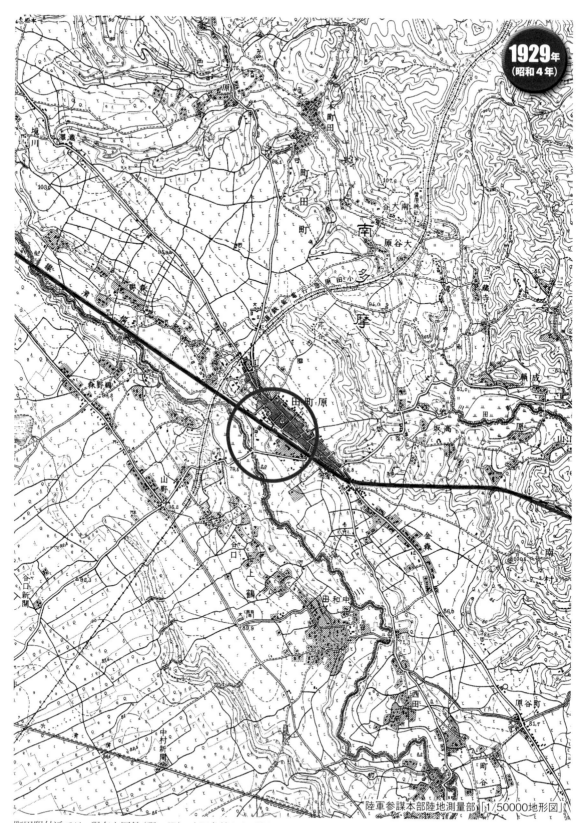

陸軍参謀本部陸地測量部「1/50000地形図」

町田駅付近では、現在も国鉄（現・JR）、小田急線とも、隣駅との距離は長く、最も短い小田急の相模大野駅との距離は1.5キロである。相模大野の開業は1938（昭和13）年の開業であり、この地図には見えない。また、この頃は横浜線の原町田駅と、小田急の新原町田駅との間は、かなり距離があった。町田町が市制を施行して町田市になるのは1958（昭和33）年で、市街地の範囲は狭く、広大な芹ヶ谷公園も整備されていなかった。

第3章
南武線、横浜線 武蔵野線

1989（平成元）年3月のダイヤ改正時に登場した新車両の南武線205系。2002（平成14）年には、山手線のE231系投入により
捻出された205系が南武線に転入した。短編成化に伴い、不足した制御車は付随車を改造することで補った。
◎南武線　矢川〜谷保　1995（平成7）年1月18日　撮影：松本正敏（RGG）

昭和30年代までの中央線沿線では、大正期に輸入された舶来電気機関車が活躍していた。アメリカウエスティングハウス・エレクトリック社とボールドウィン社の合作で誕生したEF51もその一つだった。小振りながら端整な姿をしたデッキ付きのF級電機は、南武線を終の棲家とした。◎南武線　西国立　1957（昭和32）年12月1日　撮影：江本廣一

南武線の西国立駅に隣接していた立川機関区。南武鉄道が開設した車両基地で、同鉄道の国有化時に八王子機関区へ移管編入されて西国立支区となった。昭和30年代に機関区として分離独立した。青梅線等の貨物運用を担当するED16等が在籍した。
◎南武線　立川機関区
1963（昭和38）年3月
撮影：荒川好夫（RGG）

青梅線奥多摩を発着駅とする石灰石輸送の貨物列車が乗り入れていた南武線。ホッパ車を連ねたEF64 1000番台車が、重厚な車輪の響きと共にやって来た。この運用は1998（平成10）年に廃止された。川崎～尻手間以外の区間では支線を含み、現在も貨物列車を見ることができる。◎南武線　谷保～矢川　1996（平成8）年5月11日　撮影：武藤邦明（RGG）

東京都府中市はラグビーで有名な東芝府中（事業所）のお膝元で、中央手前に片町公園があり、東芝分倍家族アパートが見えるが、現在は府中東芝ビルが建てられている。この上（北）で交差するのは、JR南武線と京王線で、南武線の上を京王線が跨ぐ形である。構造は、JR駅は相対式2面2線の地上駅、京王駅は同じ相対式2面線だが、府中側は地上駅、中河原側が盛土の高架駅となっている。南武線の線路を渡り、駅舎のある北側から片町公園のある南側に至る、跨線橋も存在している。
◎1984（昭和59）年　撮影：朝日新聞社

車端部に手摺付きのデッキを備えたEF15は、古風ないで立ちながら第二次世界大戦後に製造された貨物用電気機関車だ。東海道線、東北線、高崎線等、首都圏の主要幹線で使用された後、南武線の貨物輸送に携わった。
◎南武線　分倍河原〜谷保　1980（昭和55）年12月7日　撮影：森嶋孝司（RGG）

主要路線へ103系等が大量投入され、余剰となった101系が旧型国電に替えて、首都圏周辺の路線に投入された。ブドウ色の電車が戦前昭和の雰囲気を醸し出していた南武線に、中央・総武緩行線と同じカナリアイエローの電車が登場。沿線は一気に華やいだ。
◎南武線　谷保〜分倍河原
1980（昭和55）年12月7日
撮影：森嶋孝司（RGG）

新製車両が南武線に投入された209系0番台車。6両編成で黄色、オレンジ色、ブドウ色と三色の帯を巻く。制御車の前面は骨組みを追加し、強度を増している。さらに排障器の大型化、運転室の空間拡大等、踏切事故等への対策が取られた。
◎南武線　矢川〜谷保　1995（平成7）年1月18日　撮影：松本正敏（RGG）

未舗装のホームや留め置かれた自転車。背景の森が長閑な雰囲気を漂わせる府中本町駅の構内。現在とは隔世の感が強い眺めの中で、「川崎」と行先表示板を掲出したモハ30形は、さらに遠い日の車両と映った。二重屋根を備えた厳めしい姿の電車は、大正末期から昭和初期にかけて製造された。◎南武線　府中本町　1954（昭和29）年5月　撮影：竹中泰彦

4扉の旧型国電、72系は昭和50年代の半ばまで南武線で活躍した。昭和20年代から30年代初期にかけて、都市圏の通勤輸送を増強すべく製造された。制御車の前面窓がHゴム支持となった半鋼製車は、1953（昭和28）年以降製造の車両だ。
◎南武線　府中本町～南多摩　1979（昭和54）年5月22日　撮影：荒川好夫（RGG）

1927（昭和２）年に南武鉄道の駅として開業した稲城長沼駅。稲城市東長沼に位置し、この当時（1984年）は単式、島式を組み合わせた２面３線のホームをもつ地上駅だった。木造の小さな駅舎は上（北）側に置かれており、左手に忠実屋稲城店が存在していた。一方、下（南）側には川崎街道（都道９号）が走っている。この駅舎は南武線の高架化工事に伴い、21世紀に入って建て替えられて、島式ホーム２面４線を有する高架駅に変わっている。

正面貫通扉の下部に行先表示板を掲げ、ホームで客待ちの旧型電車。英語表記が港町横浜とを結ぶ列車らしい。かつて東海道
線等で使用された三扉車のクモハ40等が、4両程度の短編成で運用に就いた。
◎横浜線　八王子　1964（昭和39）年12月　撮影：山田虎雄

首都圏西南部のサービス向上を図るべく、民営化から一年余りの後に横浜線へ投入された205系。ステンレス製の車体に濃淡
緑色の帯二本を巻く。当初は蒲田電車区（現・大田運輸区）の配置だったが、横浜支社の発足に伴い、1996（平成8）年に全車が
大船電車区（現・鎌倉車両センター）へ転属した。◎横浜線　片倉〜八王子　1996（平成8）年5月11日　撮影：武藤邦明（RGG）

春から秋にかけての行楽期や年末年始に横浜〜松本間に運転された臨時特急「はまかいじ」。東海道線、横浜線、中央線、篠ノ井線を経由した。平成時代の横浜線を走る希有の特急だった。185系が専用のヘッドサインを掲出して走った。
◎横浜線　片倉〜八王子　1996（平成8）年5月11日　撮影：武藤邦明（RGG）

前面の形状が大胆に変更され、地下鉄車両を連想させるような姿になった205系500番台車。相模線全線が電化開業した1991（平成3）年に専用車として登場した。八王子を始発終点とする列車が橋本から横浜線へ乗り入れる。
◎横浜線　片倉〜八王子　1996（平成8）年5月11日　撮影：武藤邦明（RGG）

1972（昭和47）年より横浜線へ進出を始めた103系。当初は所属区の蒲田電車区（現・大田運輸区）に配置されていた京浜東北・根岸線用の車両と同じスカイブルー塗装が主流だった。後に京浜東北・根岸線用の103系が浦和電車区（現・さいたま車両センター）へ配置換えされたこと等によりウグイス色の電車が増加。横浜線を象徴する色となった。
◎横浜線　片倉～相原　1988（昭和63）年4月24日　撮影：松本正敏（RGG）

横浜線の起点である東神奈川の行先表示板を掲出した旧型電車の編成。先頭のモハ60形は昭和10年代の製造である。車体の前面、側面は基より、屋根にも鋼板が用いられた。客室扉は軽合金製で、戦前の短い平穏な時期に製造された電車であった。
◎横浜線　相原　1951（昭和26）年10月　撮影：竹中泰彦

単線時代の原町田駅で下り電車と交換待ちのため停車中の東神奈川行。先頭はクモハ73の車体更新車。横浜線は東神奈川〜小机間が1968（昭和43）年に複線化されたが、以北は単線のままだった。原町田駅と小田急の新原町田駅（現・町田駅）とは約700m離れ、徒歩10分で朝夕は乗り換え客が道路を埋めた。
◎横浜線　原町田（現・町田）　1973（昭和48）年6月　撮影：山田 亮

町田ターミナルプラザの大規模な立体駐車場を横目に走る103系。ウグイス色とスカイブルーの混色編成は、横浜線転属前の職場を窺わせる。横浜駅等での誤乗を抑制する意味合いから、編成の前後には「横浜線」と大書きされたステッカーが貼られていた。◎横浜線　町田〜成瀬　1983（昭和58）年11月2日　撮影：荒川好夫（RGG）

第二次世界大戦前に全線が電化された横浜線。昭和50年代の半ばまで、車体に取り付けられたウインドウシル・ヘッダーが厳めしい旧型車両は、沿線住民に親しまれた電車だった。都市部の大量輸送に貢献した72系が、旧型国電の最後を飾った。
◎横浜線　原町田（現・町田）1966（昭和41）年　撮影：村多正

貨物列車を率いて構内に停車するC58 6号機。横浜線の運用を受け持つ若番機は、第二次世界大戦後の長い期間を横浜機関区、八王子機関区に所属した。横浜線の無煙化時に高崎第一機関に移り、晩年を会津若松運転区で入替え用機として過ごした。
◎横浜線　原町田（現・町田）1967（昭和42）年　撮影：村多正

横浜線の非電化区間であった原町田
（現・町田）〜八王子間では1933（昭和
8）年からガソリン動車が導入され
た。東神奈川〜原町田間は前年に電化され
ており、架線が張られた構内を小型の
内燃車が行き来していた。前照灯は車
両正面の低い位置に取り付けられ、鉄
道黎明期の雰囲気を醸し出していた。
◎横浜線　原町田
1934（昭和9）年7月30日
撮影：荻原二郎

C58177号機が牽引する貨物列車が、黒煙を噴き上げて駅を発車した。ボイラーの右側に視界をより良好にするためのシールド
ビームの副灯を増灯している。当機は晩年、八王子機関区から高崎第一機関区へ転属。八高線の無煙化時まで活躍した。
◎横浜線　原町田（現・町田）1967（昭和42）年　撮影：村多正

1908（明治41）年に横浜鉄道（現・JR横浜線）の原町田駅として開業した、現在の町田駅。1927（昭和2）年に小田急の新原町田駅が開業したことで、現在のような巨大な駅に発展する土台が築かれた。この時期（1984年）は、両駅ともに町田駅に改称し、国鉄（現・JR）駅は小田急（西）側への移転を完了し、ターミナルプラザも開業していた。中央右（東）側には国鉄のホームが見え、前年（1983年）に開業したターミナルプラザ、ターミナル口方面につながっている。
◎1984（昭和59）年　撮影：朝日新聞社

町田
1984年
（昭和59年）

府中本町駅は武蔵野線における旅客輸送の起点。構内には折り返す電車を留め置く側線が幾条もある。折しも、南武線の205系がオレンジバーミリオン色の103系と並走。かつて山手線で活躍した形式同士が、つかの間の共演を果たした。
◎南武線、武蔵野線　南多摩～府中本町　1999（平成11）年6月1日　撮影：米村博行（RGG）

武蔵野線色の帯を巻いた205系の前面形状変更車。京葉線に導入された車両と同仕様で、東京ディズニーランドをイメージしてデザインされた、弧を描く窓周りから「メルヘン顔」と呼ばれる。全区間に亘って踏切が無い武蔵野線の専用車は、排障器を装備していない。◎武蔵野線　府中本町　1999（平成11）年6月1日　撮影：米村博行(RGG)

「こまちリレー」は運転を開始した翌年に「新幹線リレー」と改称した。大宮での新幹線接続を前面に打ち出した列車であったが、走行時間帯等から次第に通勤列車としての性格が強くなり、2001（平成13）年に列車名を「快速むさしの号」とした。
◎武蔵野線　府中本町　1999（平成11）年6月1日　撮影：米村博行(RGG)

武蔵野線には長大トンネルが多数存在するため走行する電車には地下鉄並みの火災対策が要求され、101系の不燃構造を強化改造した1000番台車が用意された。写真の電車は貨物用短絡線を活用した大宮への臨時列車。
◎武蔵野線　西国分寺　1985(昭和60)年　撮影：山田虎雄

秋田新幹線の開業に合わせ、多摩地区からの利用者増を促すべく、武蔵野線経由で八王子〜大宮間を結ぶ「こまちリレー」を1997(平成9)年3月22日から運転した。専用車両として土休日等に運転していた「ホリデー快速」で実績があった、165、169系が充当された。◎武蔵野線　新秋津　1997(平成9)年3月30日　撮影：武藤邦明(RGG)

太平洋戦争中の1942（昭和17）年に片倉信号所としてスタートした片倉駅。駅に昇格するのは1957（昭和32）年で、歴史は比較的新しい。これは地上駅時代の姿で、1988（昭和63）年に高架化されて新しい駅舎に変わっている。現在の駅の構造は相対式ホーム1面2線を有する高架駅で、京王片倉駅とは徒歩で10分ほどの距離になる。
◎横浜線　片倉　1979（昭和54）年　撮影：山田虎雄

八王子発着で運転する相模線の電車も停車する横浜線の相原駅。昭和末期の駅舎は壁面を横板が覆う木造だった。窓枠等の多くは、アルミサッシに取り換えられているようだ。撮影当日は昭和天皇陛下の誕生日（現在は昭和の日）。祝日の出入り口付近には日本国旗が掲揚されていた。◎横浜線　相原　1986（昭和61）年4月29日　撮影：松本正敏（RGG）

路線バスが停車し、駅へ急ぐ大人や子どもが見える原町田(現・町田)駅の駅前風景で、当時は小田急の駅とは離れていたため、乗り換えは大変であり、駅舎も現在とは比べ物にならないくらい小さかった。現在も地名として残る「原町田」は、鎌倉街道の宿場だった「本町田」に対する名称で、本町田に比べて発展するのは遅く、昭和時代になってからである。
◎横浜線　原町田(現・町田)　1973(昭和48)年6月　撮影：山田虎雄

1979(昭和54)年4月1日、十日市場駅と同時開業した横浜線の成瀬駅の姿である。これは北口で、傾斜地にあるため、南口からはホームへ降りる形になる。現在の駅の構造は島式ホーム1面2線の地上駅だが、開業から3か月余りは単線区間であったため、1番線のみを使用してきた。この写真では、駅の開業を祝う看板と大勢の人々が見える。
◎横浜線　成瀬　1979(昭和54)年　撮影：山田虎雄

分倍河原駅は府中市片町2丁目に位置し、国鉄(現・JR)と京王帝都電鉄(現・京王電鉄)の共同使用駅となっている。JR・京王の駅ともに開業時は「屋敷分」を名乗り、昭和初期に現在の駅名「分倍河原」に改称している。2つの線がほぼ直角で交わる形の駅舎は、崖の上に置かれているためにコンコースは狭く、この駅舎の姿は現在もほぼそのままである。
◎南武線　分倍河原　1970(昭和45)年　撮影：山田虎雄

府中市内で東京競馬場の西側にある府中本町駅。昭和初期に南武鉄道の駅として開業した。南武鉄道は第二次世界大戦中に国有化された。1973(昭和48)年に武蔵野線が府中本町〜新松戸間で開業し、当駅は二路線の接続駅となった。
◎南武線　府中本町　1983(昭和58)年11月7日　撮影：荒川好夫(RGG)

券売機と改札口が並ぶ簡素な造りながら、駅前に向かって上屋が張り出す、若干個性的な構造になっていた矢野口駅舎。当時は構内に相対式ホームと跨線橋を備えていた。2004（平成16）年から翌年にかけて高架化され、ホームは1面2線となった。
◎南武線　矢野口　1983（昭和58）年11月7日　撮影：荒川好夫（RGG）

駅舎の至近にたくさんの自家用車が留め置かれていた昭和末期の新秋津駅前。武蔵野線が開業した1973（昭和48）年に生まれた、都内では歴史の浅い駅である。武蔵野線は建設当初、貨物輸送を重視した路線だった。同駅から近隣を通る西武鉄道池袋線へ向かって、貨車の授受等に用いた連絡線が延びている。◎武蔵野線　新秋津　1986（昭和61）年9月23日　撮影：松本正敏（RGG）

【著者プロフィール】

牧野和人（まきの かずと）

1962年、三重県生まれ。写真家。京都工芸繊維大学卒。幼少期より鉄道の撮影に親しむ。平成13年より生業として写真撮影、執筆業に取り組み、撮影会講師等を務める。企業広告、カレンダー、時刻表、旅行誌、趣味誌等に作品を多数発表。臨場感溢れる絵づくりをもっとうに四季の移ろいを求めて全国各地へ出向いている。

【写真撮影】

伊藤威信、江本廣一、小川峯生、荻原二郎、園田正雄、竹中泰彦、村多 正、山田 亮、
山田虎雄、吉村光夫
ＲＧＧ（荒川好夫、牛島 完、木岐由岐、河野 豊、高木英二、松本正敏、武藤邦明、
森嶋孝司、米村博行）

【執筆協力（地図解説、空撮写真など）】

生田誠、山田 亮

懐かしい
国鉄駅舎と鉄道風景
（多摩地域）
【中央線、青梅線、五日市線、八高線、南武線、横浜線、武蔵野線】

2021年2月5日　第1刷発行

著　者…………………牧野和人
発行人…………………高山和彦
発行所…………………株式会社フォト・パブリッシング
　　　　　　　　　　　〒161-0032　東京都新宿区中落合2-12-26
　　　　　　　　　　　TEL.03-6914-0121 FAX.03-5955-8101
発売元…………………株式会社メディアパル（共同出版者・流通責任者）
　　　　　　　　　　　〒162-8710　東京都新宿区東五軒町6-24
　　　　　　　　　　　TEL.03-5261-1171 FAX.03-3235-4645
デザイン・DTP ………柏倉栄治（装丁・本文とも）
印刷所…………………新星社西川印刷株式会社

ISBN978-4-8021-3225-1 C0026